Inhaltsübersicht

Ich gratuliere

Sie haben die Nadel im Heuhaufen gefunden. Denn dieses, von Wissenschaftlern formulierte Trainingsprogramm, ist nicht nur gut gegen Rückenschmerzen. Es ist der kleinste gemeinsame Nenner aller Core-Fitness-Sportarten. Es zielt darauf ab, den ultimativen Rücken aufzubauen – genau wie der Titel verspricht. Meiner Erfahrung nach, im Selbstexperiment und mit den Gruppen die ich unterrichte, wird nicht zuviel versprochen. Die drei simplen Übungen, in dem von mir geführten, gut zwanzigminütigen Übungsprogramm, sind von jedem durchführbar.

Aber um was geht es überhaupt? Ein bisschen Hintergrundinformation: Ich bin Feldenkrais-Lehrer. Da geht es viel um psychomotorisches Lernen und um den Zusammenhang zwischen Denken und Bewegung. Um situationsrichtiges Handeln und Lebensqualität. Um Dinge wie Bewusstheit, Aufmerksamkeit, Wohlbefinden, Spüren und Fühlen. Die Feldenkrais-Methode ist zwar laut österreichischem Gesetz (§135 ASVG) kein Gesundheitsberuf, aber irgendwie muss man bei Feldenkrais trotzdem an „Gesundheit" denken. Logisch eigentlich: Wohlbefinden und Schmerzen passen einfach nicht zusammen. Zwar sind es letztendlich meistens die Denk- und Bewegungsgewohnheiten, die Schmerzen oder Wohlbefinden verursachen ... aber nicht jeder, der Rückenschmerzen hat, hat auch genug Zeit, um sich auf eine umfangreiche Lern- und Lehrmethode einzulassen.

Deshalb war ich ziemlich lange auf der Suche nach einem cleveren, effektiven, und von jedem zu Hause durchführbaren Training gegen Rückenschmerzen. Fündig geworden bin ich bei den Forschungsergebnissen der Waterloo Universität, Kanada, vor allem bei Dr. Prof. Stuart McGill. Er ist Leiter des Departments Spine Biomechanics, und Co-Autor von über 300 wissenschaftlichen Studien zum Thema Lendenwirbelsäule, Rückenschmerz, Arbeitsplatzergonomie etc. In jedem Medizinbuch zum Thema Rücken sind Studien und Artikel von McGill zu finden, oder zumindest einige Ergebnisse und Zahlen aus seiner Forschung.

Dieser akademische Hintergrund ist sehr wertvoll. Denn es handelt sich hier nicht um lediglich persönliche Erfolgserlebnisse eines Einzelnen. Und auch nicht, wie leider so oft, um spektakulär aussehende Übungen, die auf Dauer mehr Schaden als Nutzen bringen. Stattdessen handelt es sich um ausgereifte, bewährte und aufeinander abgestimmte Übungen, die sich auf die moderne Wissenschaft stützen.

Ich gebe in diesem Büchlein die drei wichtigsten Übungen von McGill als Trainingshilfe wieder. Die in dem Trainingsprogramm enthaltenen drei Übungen sind leicht zu erlernen und von jedem, auch ohne Trainingsgeräte, durchführbar.

Warum gibt es am Markt so viele Rückenübungen?

Heutzutage gibt es eine unüberschaubar große Auswahl an Angeboten zu den Themen Rückenschmerz und Rückentraining. Es gibt Angebote von großen Verlagshäusern, Fitnessmarken, aber auch von einer Vielzahl von Einzelpersonen. Zusätzlich scheint es fast so, als ob es in jedem Bezirk bzw.. jedem Dorf zumindest zwei oder drei Personen gäbe, die auch noch eine Idee zum Thema hatten.

Wie kann man da das Richtige für sich selbst finden? Diese Frage wird leichter zu beantworten sein, wenn man sich das, was die Wirbelsäule können muss einmal genauer anschaut:

Unsere Wirbelsäule ist mechanisch gesehen etwas ganz Außergewöhnliches: sie kann einerseits sehr stabil gehalten werden, andererseits aber auch sehr beweglich. Zum einen muss die Muskulatur um die Wirbelsäule herum stark und schnell genug sein, um bei ruckartigen Bewegungen, sowie Zug- und Druckbelastungen nicht auszulassen, die Bänder einzureißen oder die Wirbelsäule verletzbar zu machen. Zum anderen muss sie beweglich sein, damit man sich bücken, drehen, strecken kann.

Demnach gibt es beim Rückentraining zwei große Zielgebiete: 1. Muskelkraft und 2. Beweglichkeit. Unter Muskelkraft versteht man die Kraft, um die Wirbelsäule genau zu dem Zeitpunkt stabil halten zu können, in dem sie stabil sein muss. Darum kann man das auch als „Stablisierungspotential" bezeichnen. Die Möglichkeit stabil zu sein. Meistens handelt es sich nur um Bruchteile von Sekunden, die sie stabil sein muss. Zum Beispiel beim Gehen: mal ist das Gewicht auf einem Bein, mal auf dem anderen. Da sollte man dann mit dem Oberkörper nicht seitlich wegknicken, sondern stets den Kopf und die Augen auf dem Horizont halten können - auch wenn jeweils eine Körperhälfte mehr entspannt, die andere mehr gespannt ist. Auch wenn unvorhergesehene Situationen eintreten können, auf die schnell reagiert werden muss.

Aber oft muss man sich über mehre Sekunden, oder sogar Minuten oder Stunden stabil halten. Z. B. beim Öffnen einer schweren Tür, oder beim Tragen eines schweren Koffers, oder beim Sitzen im Büro. All das wird mit Muskelkraftaufbau trainiert.

Andererseits geht es um Beweglichkeit. Im Alltag braucht man natürlich nicht so beweglich zu sein wie eine Schlange. Das Bein über den Kopf legen zu können ist nur bei manchen Gymnastik- und Sportwettbewerben wichtig. Darum spricht man im Feldenkrais lieber von Koordination, bzw. Bewegungsorganisation. Da geht es um so Dinge wie Bauchmuskel-Rückenmuskel-Koordination, Beteiligung der jeweiligen Muskelgruppen ihrer Funktion entsprechend, und um Achtsamkeit. „Beweglichkeit" betrifft sozusagen die Fähigkeit, verschiedene Bewegungen so weit und so koordiniert ausführen zu können, dass alle Alltagssituationen gemeistert werden können. Dies ist von den maximalen Bewegungsendgraden, bzw. der Belastung im mechanischen Endbereich, getrennt zu betrachten.

Viele Anbieter vermischen bei ihren Übungen diese Aufgaben des Rückens (1. Muskelkraft, 2. Beweglichkeit), und mixen meistens auch noch Konditionstraining und Stretching mit rein. Das gibt natürlich ein umfangreiches Potpourri von Übungen mit nie endender Vielfalt.

In diesem Trainingsprogramm wird ganz speziell am Stablisierungspotential mittels Muskelausdauerkraft und -koordination gearbeitet. Dies ist sozusagen der kleinste gemeinsame Nenner aller Rückenschulen, Rückentrainingsprogrammen, von allem was mit „core", „powerhouse", „dantian", „Kraftzentrum" usw. bezeichnet wird.

Obwohl jeder namhafte Therapeut und Fitnesstrainer in Kanada und Amerika inzwischen McGill zitiert, wird seine Forschungsarbeit im deutschsprachigen Teil Europas anscheinend selten diskutiert. Obwohl er oft in Fachbüchern zitiert wird, existiert eine Übersetzung seiner Bücher in die Deutsche Sprache (zum Datum der Drucklegung) nicht.

In Österreich kann man diese drei Übungen - in einem anderen Zusammenhang und vermischt mit vielen anderen Übungen - in der Krankengymnastik, Physiotherapie, aber auch im Fitnesscenter finden. Eine Feldenkrais-Kollegin und Krankengymnastin hat mich darauf aufmerksam gemacht, dass die Übungen große Ähnlichkeit mit Übungen aus dem Beckenbodentraining aufweisen.

Leider musste ich aber feststellen, dass diese drei Übungen vielerorts ungenau unterrichtet werden. Es wird kaum darauf geachtet, ob z. B. beim Bird-Dog versehentlicherweise ein Hohlkreuz gemacht wird, oder das Becken verdreht wird. Oder bei der Side-Bridge der Oberkörper fälschlicherweise durchgebogen wird, anstatt richtigerweise gerade gehalten zu werden. Diese häufigen Fehler hoffe ich nun, mit diesem Büchlein, ausräumen zu können.

Einmal die Woche unterrichte ich die Übungen in meiner Praxis als Gruppenunterricht. Zudem zeige ich sie fast jedem Klient, der wegen Rückenschmerzen zu mir kommt. Meine eigene Begeisterung, und die Erfolge meiner Klienten motivieren mich, mich immer weiter mit dem Thema Rückenschmerz und Rückentraining zu beschäftigen. Auch hat meine Arbeit mit meinen Klienten dazu geführt, dass ich dieses Büchlein geschrieben habe.

Besonders wichtig in diesem Zusammenhang sind natürlich aussagekräftige Illustrationen. Diese habe ich am Computer selbst erstellt, da ich dort jedes Gelenk im Körper präzise positionieren kann. In jedes Bild flossen zahlreiche Stunden für detaillierte Positionierung, Belichtung und Kamera.

Mögen die Übungen für Sie ebenso hilfreich und beglückend sein wie für tausende andere Sportler, Rückenschmerz-Patienten und Therapeuten.

Zum Thema Ernährung

Bei langandauernden Schmerzen ist gewissenhaftes Training und Bewegungsschulung manchmal nicht ausreichend. Es muss auch die Ernährung mit einbezogen werden. Die entzündlichen Prozesse im Körper müssen gestoppt werden, und ein Blut erschaffen werden, das Heilung begünstigt.

Hierbei kann man sich allerdings nicht auf die „Ernährungspyramide" verlassen. Diese ist von der evidenzbasierten medizinischen Forschung stark kritisiert. Entzündliche Prozesse werden vor allem durch pflanzliche Öle, aber auch tierisches Fett und Endotoxine hervorgerufen, die sich in Fleisch, Fisch und tierischen Produkten wie z.B. Milch, Käse und Eiern befinden. Industriell verarbeitete Lebensmittel sind oftmals mehr Nährstoffräuber als -lieferanten. Alkohol (sowie Acetaldehyd und Essigsäure) sind Stressoren bzw. Zell- und Nervengifte, keine Entspannungshilfen.

Während der Zeit der Genesung lautet die Frage also nicht: „Was esse ich am allerliebsten?", sondern: „Welche Ernährung begünstigt meine Heilung?". Hilfreich sind dazu die Bücher und Ernährungsprogramme von Ärzten wie z. B. Dr. John McDougall, Dr. Caldwell Esselstyn, Dr. Colin Campbell oder auch Dr. Joel Fuhrman.

Zwei kleine Tests

Mit den beiden Tests können Sie ihre Muskel- bzw. Ausdauerkraft überprüfen. Diese beiden Tests können Sie ohne Turngeräte, und vor allem auch ohne Messgeräte zuhause selbst durchführen. Falls Sie starke Rückenschmerzen haben, empfehle ich diese Tests nicht zu machen. Dies sind nur zwei kleine, informelle Tests, keine wissenschaftlichen Belastungstest, wie sie in der Physiotherapie gemacht werden. Dazu fehlen ja allein schon die Geräte. Sie können dieses Büchlein ihrer Therapeutin / ihrem Therapeuten zeigen und das Trainingsprogramm mit ihr bzw. ihm besprechen.

Test 1: Ausdauer

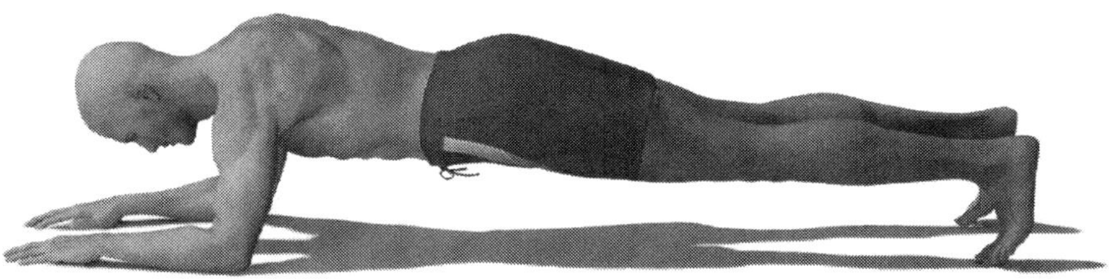

Ausgangsstellung: begeben Sie sich in Liegestützposition (engl. "plank"), entweder auf die Hände oder auf die Ellbogen. Achten Sie darauf, dass sie den unteren Rücken gerade halten, also weder beugen noch strecken. Machen Sie sich so gerade wie ein Brett, also nicht den Hintern in die Luft strecken. Auch der Oberkörper muss gerade sein, also weder einen Katzenbuckel machen, noch durchhängen. Den Kopf auch nicht hängen lassen, sondern in Verlängerung der Wirbelsäule. Die Füße eine Ellebogenlänge von einander entfernt. Alles, so wie auf der Illustration dargestellt.

Durchführung: bleiben Sie für 60 Sekunden in dieser Stellung.

Falls Sie die Stellung eine ganze Minute ohne Probleme, ohne zu zittern, und mit entspannter Atmung durchhalten, dann ist die Ausdauerkraft ihrer Taillenmuskulatur hervorragend.

Test 2: Stabilisierungsleistung

Ausgangsstellung: wie beim Test 1. Begeben Sie sich in Liegestützposition auf ihren Händen (falls die Handgelenke weh tun stützten Sie sich auf Ihre Fäuste). Die Hände so in etwa auf Höhe des Kopfes. Achten Sie darauf, dass Sie Ihren unteren Rücken gerade halten, also weder beugen noch strecken. Auch Ihr Oberkörper muss gerade sein, also weder einen Katzenbuckel machen, noch durchhängen. Die Füße ein bisschen weiter als eine Ellebogenlänge voneinander entfernt stellen.

Durchführung: heben Sie eine Hand vom Boden, bringen sie die Hand langsam hinüber zur anderen Seite, und platzieren Sie diese auf der Ellbogenbeuge des anderen Armes oder klopfen sie sich einmal auf die anderen Schulter. Probieren Sie es dann auch auf der anderen Seite.

Falls Sie diesen Test ohne Anstrengung durchführen können, ohne mit dem Becken auszuweichen, den Rumpf zu verdrehen, und sich auch sonst nicht zu beugen, strecken oder zu verdrehen, und auch den Atem nicht anhalten müssen, dann ist die Stabilisierungsleistung ihrer Taillenmuskulatur ausgezeichnet.

Wenn Sie beide Test mit Leichtigkeit bestehen, dann könnten Sie auch noch probieren, ob Sie 15 Liegestütze sauber herbekommen. Falls das auch klappt, können Sie das Trainingsprogramm auf Stufe 3 probieren - damit Sie es zumindest kennen. Vermutlich werden Sie aber schwerere Übungen im Fitnesscenter oder in ihrer Lieblingssportart vorziehen.

Wenn Sie bei einem der Test Schwierigkeiten haben, bzw. nicht mit Leichtigkeit durchziehen können, dann werden Sie dies mit diesem Trainingsprogramm hier innerhalb weniger Monate können - und dabei viele interessante und wohltuende Momente erleben.

Wenn Sie folgendes beachten, kommen Sie aus fast jeder Art von Rückenschmerz heraus (bzw. bekommen erst gar keine Rückenschmerzen):

1. Schädigende Bewegungen vermeiden (z. B. nicht vornüber beugen und aus dem Kreuz heraus heben, nicht lange krumm Sitzen, nicht lange gezwungen aufrecht sitzen, nicht schwer heben und dabei die Taille verdrehen, bei einer beugungsintoleranten Lendenwirbelsäule keine Sit-Ups, Klappmesser und Down-Dogs machen usw.)
2. Gute Koordination in der Muskulatur rund um die Lendenwirbelsäule. Dies sind die Bauch-, seitliche Bauch- und Rückenmuskulatur. Ebenso gute Koordination von Hüft- und Rückenmuskulatur (Stichwort „lower crossed syndrome"). Dies kann man zum Teil mit den drei Übungen aus diesem Büchlein trainieren, oder auch mit Fitnessübungen wie Kniebeugen und Hüftheben („squats" und „hip raises"). Aber vor allem auch mit Bewegungsschulen wie z. B. Feldenkrais.
3. Gute Ausdauerkraft in der Muskulatur rund um die Lendenwirbelsäule. Dafür ist das Trainingsprogramm aus diesem Büchlein goldrichtig.

Übungen für Zwischendurch

Finden der Hüftgelenke

Menschen mit Rückenschmerzen bewegen oftmals die Lendenwirbelsäule anstelle der Hüftgelenke. Das ist keine Faustregel, aber ist oft zu beobachten. Zudem trügt das innere Gefühl, dass die Lendenwirbelsäule „gerade" ist, wenn sie tatsächlich und aktiv gestreckt wird. „Hohlkreuz" bedeutet, dass die Streckmuskulatur der Lendenwirbelsäule übermäßig und ständig angespannt ist.

Wenn man sich das erstmal angewöhnt hat, ist es schwierig, sich das wieder abzugewöhnen. Ohne fachmännische Hilfe ist man da fast chancenlos. Generell gilt die Regel: die Hüftgelenke sind zum Beugen da. Die Hüftgelenke sind große Kugeln, und dafür gemacht, sich zu drehen, sich zu bewegen.

Wenn man eine Kniebeuge macht, sollte sich der Oberschenkel im Becken bewegen, und nicht das Kreuz rund werden. Wenn man sich vornüber beugt, um etwas zu heben, sollte der Rücken stabil bleiben, und die Bewegung in den Hüftegelenken stattfinden.

Gute Übungen dazu sind z. B. Kniebeugen und Hüftheben. Beim Hüftheben liegt man am Rücken, mit aufgestellten Beinen, und hebt das Becken mit Hilfe der Pomuskulatur in Richtung Zimmerdecke.

Anmerkung: in der Feldenkrais-Methode gibt es für die Bewegung und Integration der Hüftgelenke in Bewegungsabläufe unzählige Lektionen, z.B. aus der Serie „Alexander Yanai" die Nummern 241 „Getting to know the hip joints", 302 „Releasing the hips by holding the feet" oder 244 „Circles with the hips and feet" etc. Falls Sie einen Feldenkraislehrer in der Stadt haben: fragen sie einfach danach. Es sind angenehme, leichte Lernerfahrungen, die viel bringen.

Häufige Pausen bei sitzenden Tätigkeiten

Für moderne Büros, in denen man 8 Stunden am Stück sitzen kann, empfiehlt McGill alle 10 Minuten aufzustehen. Dabei schlägt er folgende Übung vor: Von der zuerst eingenommenen stehenden Haltung ausgehend, richtet man die Hände vorsichtig in Richtung Zimmerdecke (ohne sich dabei zu überstrecken, d.h. ohne ein Hohlkreuz zu machen). Danach streckt man sanft die Hände und Arme nach oben, atmet durch, und setzt sich dann wieder. Dies jede Stunde nur einmal zu tun wird als eher zu selten betrachtet. Wobei McGill betont, dass das nur ein Erfahrungswert ist und Studien hierzu fehlen. Ich selbst, und auch einige meiner Kollegen, arbeiten am Computer viel im Stehen.

In der Früh

In der Früh, direkt nach dem Aufwachen, sind die Bandscheiben angeschwollen. Dies ist ein natürlicher Vorgang, der beim Liegen passiert und die Bandscheiben regeneriert. In diesem Zustand sollten die Bandscheiben nicht belastet werden, und man sollte zumindest eine halbe Stunde mit Gymnastik und anderen belastenden Tätigkeiten warten. Im Laufe des Tages werden die Bandscheiben dünner und beweglicher.

Als Alternative zur Gymnastik direkt nach dem Aufstehen empfiehlt McGill die Wirbelsäule im Vierfüßlerstand sanft zu Beugen und zu Strecken. D.h. ein bisschen einen Katzenbuckel zu machen, und dann die Wirbelsäule ein bisschen durchhängen zu lassen. Dabei nicht an die Grenzen gehen, sondern sich in einem angenehmen Bereich bewegen.

Anmerkung: die menschliche Wirbelsäule hat in den Abschnitten Hals-, Brust- und Lendenwirbelsäule 24 Wirbel, die sich alle - in Relation zueinander - bewegen können und auch bewegen sollen. In jedem Buch über die Feldenkrais Methode, gleich welcher Autor, finden sich hierzu Lektionen.

Zu Vermeiden

Einige Übungen, die Schmerzpatienten verschrieben werden, oder vom Sport/Yogalehrer gezeigt werden, wurden nicht wissenschaftlich überprüft. Das heißt, sie beruhen nur auf den Erfahrungswerten einer einzelnen Person, und wurden nicht in wissenschaftlichen Studien auf die Kriterien Gewichtsbelastung der Wirbelsäule, Muskelaktivierung und Stabilisierungsleistungsvermögen (spine loading, muscle usage and stabilizing potential) hin untersucht.

Hier gäbe es sehr viel zu zitieren. Ich erwähne der Kürze willen allerdings nur ein paar der häufigsten Fehler. Ansonsten sei auf die Forschungsergebnisse von McGill, bzw. auf verwandte Studien, Artikel und Bücher verwiesen. Ausgangspunkte für Recherchen finden sie im Anhang.

Generell sollte laut McGill Dehnung und übermäßige Flexibilität der Lendenwirbelsäule (wenn überhaupt) erst angestrebt werden, wenn die Taillenmuskulatur durch entsprechendes Training kräftig und ausdauernd ist – was vielleicht nie der Fall sein wird.

Ein häufig vorkommender Bewegungsfehler ist z. B. sich im Stehen mit gestreckten Beinen vornüber zu beugen und etwas zu heben oder vornüber gebeugt etwas zu arbeiten (zum Beispiel im Garten oder Haushalt). Dabei geht die Belastung voll auf den unteren Rücken (Bandscheiben, Bänder und Wirbel), welcher fast völlig schutzlos in den Seilen hängt. Der Fehler, sich mit dem Rücken vornüber zu Beugen (anstelle die Hüftgelenke zu verwenden, oder sich vorne abzustützen) hat sich derart in unserer Kultur festgesetzt, dass man sich wundern muss, dass diese Bewegungen überhaupt zu Problemen führen kann. Der Großteil der Leute beugt sich schlecht nach vorne, und macht auch noch einen Sport daraus, wer sich weiter und länger nach vornüber beugen kann. Die meisten spüren das dann im Rücken. Der Schmerz vergeht nach ein paar Minuten, aber der Schaden verheilt langsam. Und der kumulierte Schaden führt irgendwann zum Bandscheibenvorfall.

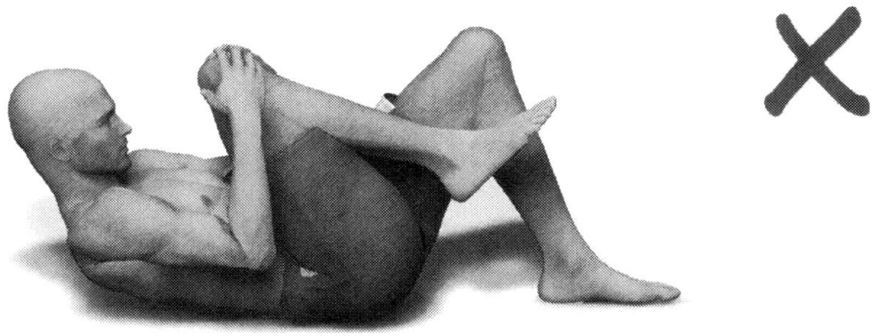

„Dummes Dehnen“ (im Englischen „silly stretching“) sollte immer vermieden werden. Beispiele sind: ein oder beide Knie kraftvoll zum Bauch ziehen in Rückenlage, oder z.B. im Stehen mit den Händen und gestreckten Beinen die Füße berühren. Diese Bewegungen aktivieren zwar die Dehnungsrezeptoren in der Rückenmuskulatur – und erzeugen so ein kurzfristiges Gefühl der Erleichterung – kann die Lendenwirbelsäule aber auf Dauer instabil machen.

Auch ein isoliertes Dehnen der hinteren Oberschenkelmuskulatur bringt wissenschaftlich gesehen bei Rückenschmerzen nur selten eine dauerhafte Erleichterung bzw. Verbesserung für die Bewegungen des Alltags oder beruflich Belastungsfähigkeit. Generell sollte beim Dehnen stets der Sinn und der größere Zusammenhang beim staatlich geprüften Therapeuten (nicht beim Fitnesstrainer oder Yogalehrer) nachgefragt und geklärt werden.

Morgens, direkt nach dem Aufstehen, reagieren die in der Nacht aufgeschwollenen Bandscheiben empfindlich auf Belastung. Deshalb darf man die erste halbe Stunde nach dem Aufstehen zwar dieses Rückentraining nach McGill machen, aber keine starken Beugungs- und Streckbewegungen, und auf gar keinen Fall anspruchsvolle Gymnastik.

Das gleiche gilt für z.B. langes Sitzen. Nach dem Aufstehen braucht die Wirbelsäule einige Minuten (bis zu einer halben Stunde), bis sie voll belastet und bewegt werden kann. Die englischen Fachbegriffe hierfür lauten „ligament laxity“ (Lockerung der Bänder) und „loading memory“ (Belastungsgedächtnis).

Paradoxerweise sitzen Menschen mit beugungsintoleranter Lendenwirbelsäule oftmals gebeugt, diejenigen mit streckungsintoleranter Lendenwirbelsäule oftmals mit Hohlkreuz. Dies verschlimmert natürlich ihren Zustand zusehends.

Zusätzlich sei angemerkt: Nicht immer sind Rückenschmerzen die Folge von zu schwacher Muskulatur. Oftmals sorgt sogar eine starke Dauerkontraktion mancher Muskeln für Schmerzen. Häufig sind dabei manche Muskeln zu stark, und manche zu schwach. Auch hier muss man lernen seine Haltung zu korrigieren und besser zu koordinieren.

Speziell beim Bücken nach vorne, mit gestreckten Beinen, wie z.B. zur Gartenarbeit oder um etwas vom Boden aufzuheben, wird die Lendenwirbelsäule stark belastet. Vor allem, wenn man sie dann auch noch Zug- und Verdrehungsbelastungen ausliefert. Bei dieser starken Beugung der Lendenwirbelsäule sind die Rückenstreckermuskeln fast vollständig inaktiv, obwohl gerade in so einer Situation die passiven Strukturen rund um die Lendenwirbelsäule diese Unterstützung brauchen würden. Es bleibt ein Rätsel unserer Gesellschaft, warum sich so viele Leute mit gestreckten Beinen vornüber beugen.

Generell gilt: man sollte die passiven Strukturen der Lendenwirbelsäule nicht überlasten. Überhaupt ist es unklug sich selbst weh zu. Man sollte sich stets über den kleinsten verfügbaren Weg beugen. Für das Vornüberbeugen würde das heißen, sich mit einer Hand oder Ellbogen auf einem Tisch, Stuhl, oder am eigenen Knie abzustützen. Und so den Zug- und Verdrehungskräften einen kürzeren Weg zu geben und den Rücken zu schonen.

Trainingsprogramm

Dem Trainingsprogramm muss eine Analyse der Bewegungsgewohnheiten vorangehen. Für schädliche Gewohnheiten müssen geeigneten Alternativen gefunden werden. Das beste Trainingsprogramm nützt nichts, wenn sich jemand aus Gewohnheit zu viel und fehlerhaft belastet - und sich dadurch wiederholt schädigt.

Das Trainingsprogramm selbst besteht aus 3 Übungen. Die Abfolge der Übungen ist fix vorgegeben. Jede Übung wird in jeweils mehreren Schweregraden angeboten. Die Auswahl des Schweregrades ist von der Stärke vorhandener Schmerzen, aber auch der Muskelkraft abhängig. Generell sollte stets die etwas leichtere Übung gewählt und solange geübt werden, bis man sich aus ihr „herausgewachsen" fühlt. Außerdem sollte angestrebt werden, dass alle drei Übungen mit dem gleichen Schweregrad ausgeführt werden können. Im Englischen werden die Stufen als „Beginner", „Intermediate", und „Advanced" bezeichnet, ich habe sie mangels einer gefälligen Übersetzbarkeit als „Stufe 1 bis 3" bezeichnet.

Es soll die Ausdauerkraft (engl. „muscle endurance"), und nicht die Schnellkraft trainiert werden. Deshalb soll jede Endposition maximal 7-8 Sekunden gehalten werden. Dies wird mit dem während dieser Zeitspanne sofortig verfügbaren Sauerstoff für die Muskulatur argumentiert.

McGill schlägt für die Anzahl der Wiederholungen die „russische Pyramide" vor: von jeder Übung sollen zuerst 5 Wiederholungen, dann 4 Wiederholung, und zum Abschluss 3 Wiederholungen gemacht werden. Dazwischen Pausen. Die Sekunden und Wiederholungen können Sie entweder selbst zählen, einen Fitnesszähler programmieren, oder meine Audiodatei (von meiner Homepage, siehe Anhang) verwenden.

Während für manche Menschen drei mal die Woche 20 Minuten Training genug ist, brauchen andere 10 Mal täglich kürze Einheiten. Generell scheint man mit dem Übungsprogramm die besten Ergebnisse zu erzielen, wenn man es täglich ausführt. Dies ist allerdings im Einzelfall auszuprobieren und zu beurteilen.

Die hier gezeigten Übungen sind für den „Hausgebrauch" ausreichend. Wenn diese gemeistert wurden, kann entweder das Niveau gehalten werden oder man geht zu schwereren Übungen aus der Fitness-Branche über (z.B. „Stir the Pot", „Stability Ball Rollout", „Ab Wheel", „Squats", Kettlebell-Übungen, und viele mehr). Für Leistungssportler gibt es für jede Übung noch etliche weitere Steigerungsmöglichkeiten. Gemeistert heißt, dass 1. die Rückenschmerzen weg sind und 2. man jede der drei Übungen auf Stufe 3 über das gesamte Trainingsprogramm halten kann - ohne zu zittern und mit einem Gefühl der Leichtigkeit. Niveau halten heißt, dass man das Training auf wenige Tage in der Woche oder im Monat reduziert.

Ganz allgemein ist bei allen Übungen stets auf ein frei bewegliches Zwerchfell zu achten. Das heißt, die Atmung darf nicht wegen der Anspannung in den Übungen behindert werden. Die Atembewegung muss von der Haltearbeit der Rumpfmuskulatur unabhängig sein.

Es sei auch noch angemerkt, dass man mit diesem Training grundlegende Bewegungsfehler und schlechte Gewohnheiten nicht aufwiegen kann. Wer z.B. oft und lange in der gleichen Position sitzt, oder täglich hunderte Male die exakt gleichen, belastenden Bewegungen durchführt, oder andere Fehler macht wie z.B. Lasten hebt mit gebeugter Lendenwirbelsäule, ruckartige Zugbelastungen bei starker Verdrehung des Oberkörpers macht, lange im LKW sitzt und sofort nach dem Aussteigen mit dem Entladen beginnt etc., muss zusätzlich schonendere Bewegungsgewohnheiten erlernen.

Es folgt nun die Erklärung der drei Übungen.

Curl Up

Hier werden hauptsächlich die geraden Bauchmuskeln (Musculus rectus abdominis) trainiert.

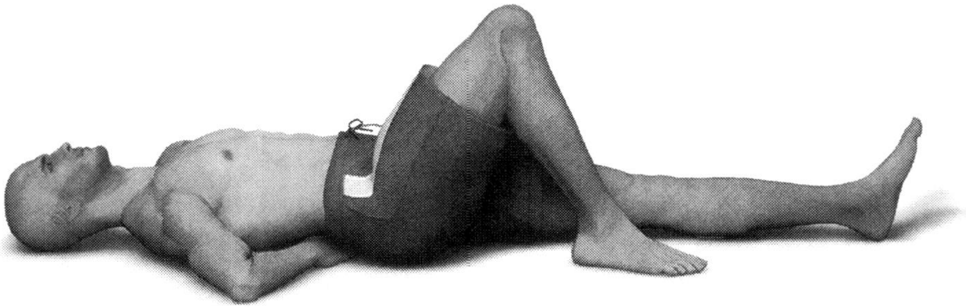

Die korrekte Ausführung des Curl Up ist essentiell wichtig um die Wirbelsäule zu schützen.

Ausgangsposition: In Rückenlage, ein Bein ist aufgestellt, eins ausgestreckt. Beide Hände mit der Handfläche nach unten, hinter der Lendenwirbelsäule. Die kleinen Finger auf Höhe vom hinteren Beckenrand. Wenn das in den Schultern, Armen oder Händen weh tut, können die Hände auch auf den Bauch oder zur Seite gelegt werden. Wichtig ist jedenfalls: der untere Rücken darf nicht gegen den Boden gedrückt werden.

In dieser Position ladet das ausgestreckte Bein das Becken dazu ein, eine neutrale Position einzunehmen. Diese Beinstellung hilft dabei, dass das Becken weder nach hinten noch nach vor gekippt ist, und somit der untere Rücken weitgehend in seiner natürlichen Form (Lordose) gehalten werden kann. Zusätzlich kann mit Hilfe der Hände eine weitere Unterstützung geboten werden und gegebenenfalls eine schmerzfreie Stellung der Lendenwirbelsäule gesucht werden.

Curl Up - Stufe 1

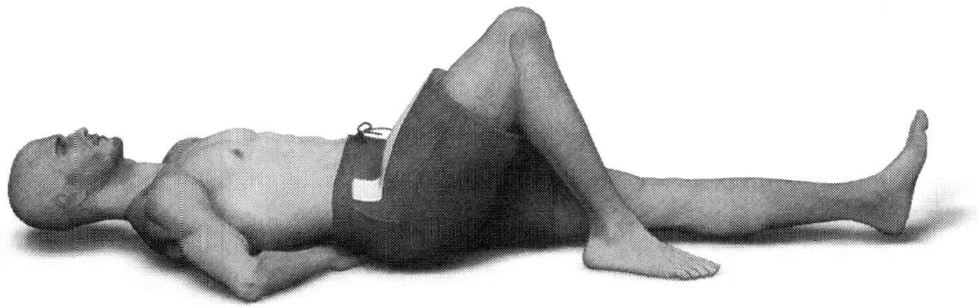

Bewegungsanweisung: Die geraden, vorderen Bauchmuskeln anspannen. Dies sind die Muskeln, die vorne Brustkorb und Schambein verbinden. Dabei das Becken fixiert halten. Dann Kopf und Schultern ein wenig vom Boden heben. Dabei sollten Kopf und Schultern höchstens ein paar Zentimeter vom Boden gehoben werden. Wenn eine Waage unter dem Kopf liegen würde, würde diese 0 kg anzeigen. Bestensfalls würde man aber nicht sehen, dass der Kopf gehoben ist.

Probieren Sie das zum Kennenlernen der Übung ein paar mal aus: anheben, loslassen, anheben, loslassen. Spüren Sie, wie sich dabei die Bauchmuskulatur anspannt. Diese dient zum Stabilisieren der Körpermitte, und spannt sich jedes mal automatisch an, wenn Sie Kopf und Schultern anheben.

Der untere Rücken darf nicht gegen den Boden gedrückt werden. Es muss eine neutrale Haltung der Lendenwirbelsäule aufrecht erhalten werden. D.h. die Taillengegend darf weder gebeugt noch gestreckt, noch verdreht werden.

Wichtig ist auch, dass die Beugung während des Curl-Ups in der Brustwirbelsäule stattfindet, und nicht in der Halswirbelsäule. Es wäre falsch, den, den Kopf ausschließlich mit Hilfe der Hals- und Nackenmuskulatur anzuheben. Der Brustkorb sollte dabei auch beteiligt werden. Stellen Sie sich den Kopf als starr mit dem Brustkorb verbunden vor, ohne bewegliche Halswirbelsäule. Mit ein bisschen Übung bekommen Sie das gut ins Gefühl: Nacken, Schultern und oberer Brustkorb arbeiten zusammen, um Kopf und Schultern zu heben, die Bauchmuskulatur spannt sich an, um die Körpermitte zu stabilisieren.

Achten Sie auch darauf die Zunge gegen den Gaumen und direkt hinter die vordere, obere Zahnreihe zu drücken. Dadurch kann die Hals- und Kiefermuskulatur (musculi diagastrici) den Kopf effektiver tragen. Kaugummikauen während der Übung ist ganz verboten.

Falls die Hals- und Nackenmuskulatur noch zu schwach bzw. zu schmerzhaft ist, können entweder a) zusätzliche Kräftigungsübungen für Hals und Nacken gemacht werden oder b) das ausgestreckte Bein statt Kopf und Schultern angehoben werden. Wenn Sie sich für die Variante mit dem Bein entscheiden, achten Sie darauf, dass Sie sich nicht mit dem stehenden Fuß vom Boden abdrücken. Stattdessen heben Sie das gerade Bein mit Hilfe der Hüftmuskulatur. Heben Sie das Bein allerhöchstens 1-2 Zentimeter vom Boden. Auch hier schaltet sich die Bauchmuskulatur wieder automatisch dazu, um die Körpermitte zu stabilisieren .

Um den Nacken zusätzlich zu kräftigen, werden isometrische Kräftigungsübungen empfohlen: in aufrechter Haltung mit der rechten Handfläche gegen die rechte Schläfe, und gleichzeitig den Kopf gegen die Handfläche drücken. Diese Spannung einige Sekunden halten. Dies auch mit der linken Hand und der linken Kopfseite, und mit beiden Händen gleichzeitig auch an der Stirnseite und dann auch mit dem Hinterkopf durchführen.

Falls nach einigen Wochen üben trotzdem noch Nackenbeschwerden auftauchen, sind diese gut mit der Feldenkrais-Methode zu behandeln und in weiterer Folge zu vermeiden (so ein kleines Büchlein reicht leider nicht aus, um auf alles näher einzugehen).

Curl Up - Stufe 2

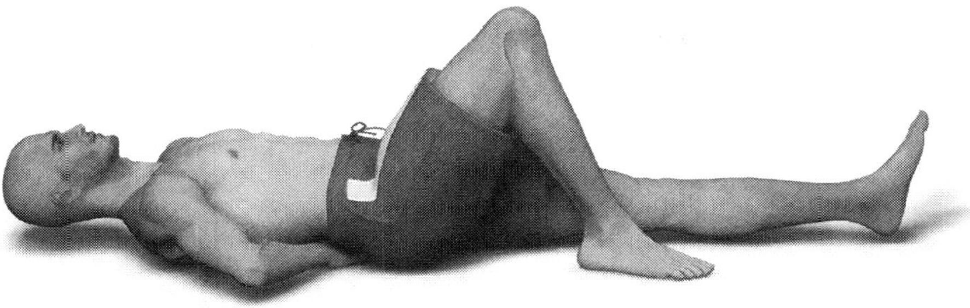

Ausgangsposition wie zuvor: In Rückenlage, ein Bein ist aufgestellt, eins ausgestreckt. Beide Hände mit der Handfläche nach unten, hinter der Lendenwirbelsäule.

Bewegungsanweisung: Heben sie zusätzlich zu Kopf und Schultern (so wie vorher) auch noch die Ellbogen ein paar Zentimeter vom Boden. Somit gibt es den Armhebel nicht mehr, der mit Hilfe der Ellbogen die Schulter vom Boden hebt. Die Bauchmuskeln müssen nun diese Arbeit übernehmen, wodurch der Schweregrad gesteigert wird.

Achten Sie bei allen Übungen auf „Länge". Das heißt: machen Sie die Übungen mit einem Gefühl lang und entspannt zu werden, nicht kurz und verkrampft. Dies gilt besonders vorne in der Leistengegend und hinten im Nacken. Verspannen Sie ihren Kiefer nicht, und lassen Sie Ihren Blick entspannt und weich sein. Achten Sie darauf, welche Muskeln sie anspannen müssen um die Übung durchzuführen, und welche Sie trotzdem weich und entspannt halten können. Bringen Sie ihre Aufmerksamkeit ganz zu sich, und achten Sie auf die angeführten Hinweise. Halten Sie niemals die Atmung an, sondern probieren Sie auch während des Anspannens normal weiterzuatmen.

Curl Up - Stufe 3

Die Steigerung für diese Stufe besteht aus zwei Techniken:

1. Die gesamte Taillenmuskulatur wird angespannt, und zwar schon vor der Bewegung. Der englische Fachausdruck hierfür lautet „prebracing", also Vorspannen der Bauchmuskulatur. Dann die Übungen wie in Stufe 2 durchführen, dabei weiterhin die Taillenspannung halten.

2. Eine tiefe, freie Atmung. Die Atmung muss unabhängig von der Anspannung des Rumpfes geschehen können. Das heißt, das Zwerchfell darf nicht als muskuläre Stütze verwendet werden, sondern muss sich frei und differenziert bewegen können.

Auch hier ist es weiterhin wichtig, dass der untere Rücken nicht gegen den Boden gedrückt wird. Auch, dass Kopf, Hals und oberer Brustkorb als Einheit bewegt werden, und dass die Bauchmuskulatur sich anspannt, zur Stabilisierung der Körpermitte.

Häufige Fehler beim Curl Up

Der Sinn der Übungen ist es, die vielen kleinen und großen Muskeln rund um die Lendenwirbelsäule anspannen und stabil halten zu können – sowie diese wirkungsvoll miteinander zu koordinieren – während die Lendenwirbelsäule mit Gewicht belastet wird. Die Belastung geschieht hier mittels dem Gewicht des Beins bzw. des Kopfes und Schultergürtels, und der Moment der Belastung ist das Anheben.

Der Erfolg der Übung kommt durch das oftmalige Wiederholen und der richtigen Durchführung. Fälschlicherweise erklären viele Fitnesstrainer, dass man für die Kräftigung der Bauchmuskulatur Sit-Ups oder Klappmesser und dergleichen machen muss. Das stimmt schon insofern, als dass die Bauchmuskulatur tatsächlich gekräftigt wird. Aber gleichzeitig wird auch die Lendenwirbelsäule stark belastet. Bei manchen Menschen macht das nichts, aber bei anderen führt das zur Beschädigung der Lendenwirbelsäule, und später zum Bandscheibenvorfall (warum das so ist, kann durch genetisch bedingt unterschiedlichen Formen der Bandscheiben erklärt werden).

Welche Fehler passieren häufig?

Fälschlicherweise werden oft beide Beine aufgestellt, oder auch beide Beine ausgestreckt liegen gelassen. Falsch ist es auch Kopf und Schultern (oder das ausgestreckte Bein) zu hoch anzuheben. 1-2 Zentimeter reichen, zu viel ist falsch. Dadurch wird der Rücken rund, die Lendenwirbelsäule gegen den Boden gedrückt, und die Übung unwirksam.

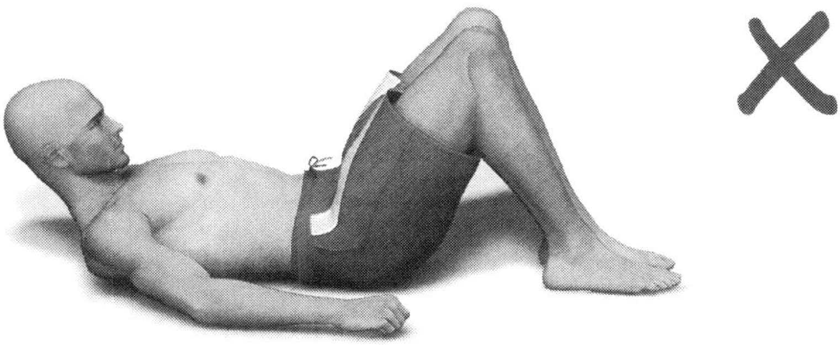

Falsch ist es auch, Kopf und Schultern zusammen zu hoch anzuheben.

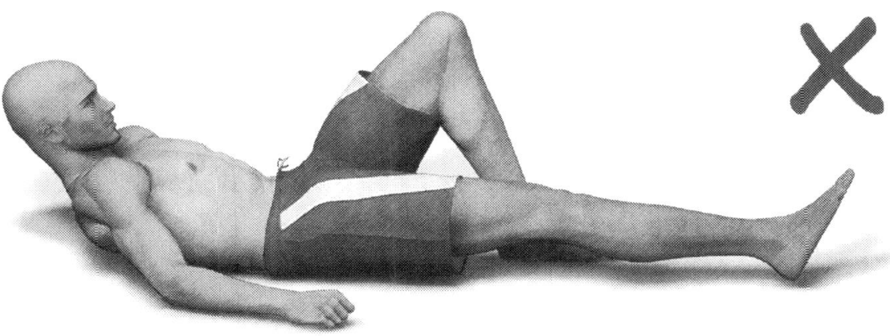

Side Bridge

Hier werden hauptsächlich die schrägen Bauchmuskeln (Musculus obliquus externus abdominis, Musculus obliquus internus abdominis), die querverlaufenden Bauchmuskeln (Musculus transversus abdominis) und die quadratischen Lendenmuskeln (Musculus quadratus lumborum) trainiert.

Bei jeder Variante von Side-Bridge ist der Brustkorb und der Beckengürtel zueinander stabil zu halten. Das heißt, es darf keine Verdrehung geben. Ebenso kein Seitbeugen und auch kein Beugen oder Strecken.

Side Bridge - Stufe 1

Übungsposition: In Seitenlage, auf den unteren Ellenbogen gestützt. Die Schulter ist fest zum Brustkorb hinuntergezogen. Hier ist es wichtig, dass die Schulter nicht eingesackt nahe am Ohr ist, sondern wirklich nach unten gedrückt und fixiert wird („shoulder packing"). Die Knie sind angewinkelt, die Hüfte mit dem Rumpf in einer Linie. Von den Knien bis zur Nase: eine gerade.

Häufige Fehler sind:

Kopfhaltung - Der Nacken ist nicht in Linie mit dem Oberkörper ausgerichtet, bzw. beide Augen sind auf den Horizont gerichtet oder der Nacken sonstwie verdreht

Schultern - Die Schulter ist zu nahe am Ohr, eine eingesackte Schulterhaltung

Oberkörper - Ein verdrehter, gebeugter, seitlich gebogener oder übergestreckter Oberkörper

Jemand, der sehr große Schmerzen hat, und nur mit Schmerzmittel längere Strecken (z.B. mehr als 200 m) gehen kann, bzw. zeitweise kaum aufrecht stehen kann, dem empfehle ich Einzelbehandlungen in der Feldenkraismethode, am Besten täglich. Oder zumindest einmal täglich eine Feldenkraislektion von CD oder mp3. Und schädliche Bewegungen ganz wegzulassen – d. h. nicht lange sitzen, nicht rumhängen auf der Lieblingscouch, nicht vornüber beugen mit gestreckten Beinen, kein Stretching usw. Am Besten möglichst viel Seitenlage am Teppich oder festen Untergrund, viel Feldenkrais-Mini-Bewegungen, und dazwischen immer wieder aufstehen. Es kann sein, dass das nur mit Krankenstand möglich ist, und es kann auch sein, dass man mitunter z. B. den Garten und den Haushalt, und auch soziale Kontakte etwas vernachlässigen muss.
Im äußersten Notfall hilft nur die Intervention vom Arzt. Eine Operation ist aber, laut McGill, in den meisten Fällen vermeidbar – wenn man falsche Bewegungsmuster rigoros weglässt (bzw. durch rückenschonende Bewegungen ersetzt), stets auf sich aufpasst und fleißig trainiert. Vom Rückentraining her startet man dann mit „Side-Bridge Stufe 1 Variante 1" (gegen die Wand) oftmals täglich. Dies kann man mit sanften Feldenkrais-Lektionen kombinieren, und übt so oft und lange, bis man schmerzfrei am Boden in Seitenlage liegen kann; und dort mit „Side-Bridge – Stufe 1 – Variante 2" weitermachen kann.

Side Bridge - Stufe 1 - Variante 1

Diese Variante ist für Schmerzpatienten geeignet, die nicht am Boden liegen können. Außerdem ist diese Variante gut geeignet für kurze Pausen während des Tages, oder in der Früh direkt nach dem Aufstehen.

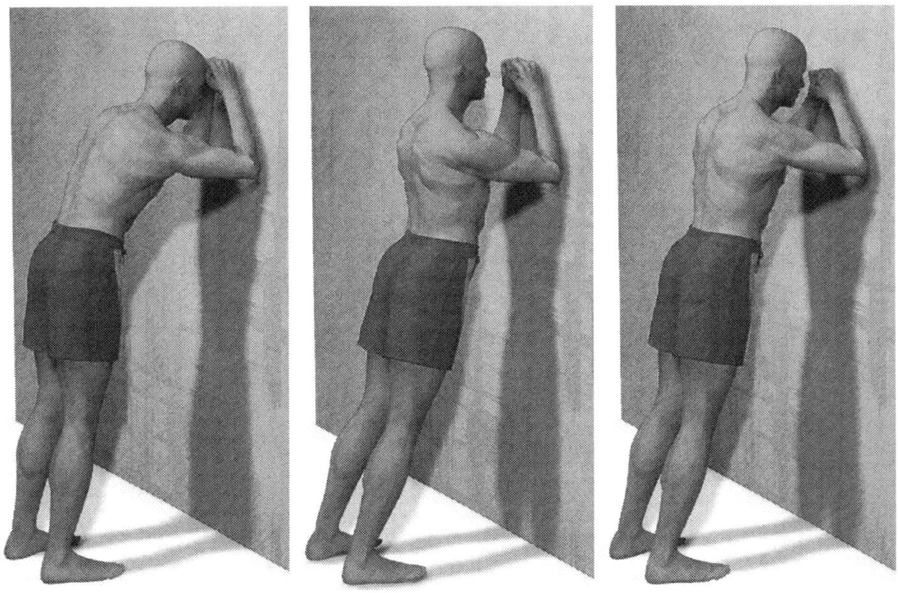

Ausgangsposition: Stützen Sie sich mit beiden Ellbogen - wie beim Liegestütz - gegen die Wand. Füße mit etwas Abstand auseinander und mit etwas Abstand zur Wand. Die Füße müssen sicher stehen und dürfen nicht nach hinten wegrutschen. Bewegen Sie Ihr Becken etwas vor und zurück. Kippen Sie es auch etwas vorwärts und rückwärts, bis sie ihre schmerzfreie Mitte gefunden haben. Das heißt, Sie sind weder gebeugt noch gestreckt, noch ist das Becken nach vorn oder nach hinten gekippt. Auch der Kopf ist weder nach vorne gesenkt noch nach hinten geneigt. Der Nacken ist locker, nicht angespannt.

Bewegungsanweisung: Spannen Sie den Bereich rund um ihre Taille leicht an, ohne den Bauch übertrieben einzuziehen. Die Muskeln verhindern, dass sich die Taille verdrehen kann. Drehen Sie sich ein klein wenig zu einer Seite, und lassen Sie dabei den gesichtsseitigen Unterarm (Hand und Ellbogen) sich von der Wand entfernen. Der andere Unterarm bleibt an der Wand. Der Kopf ist nicht an die Wand gelehnt. Dann drehen Sie sich zur Wand zurück.

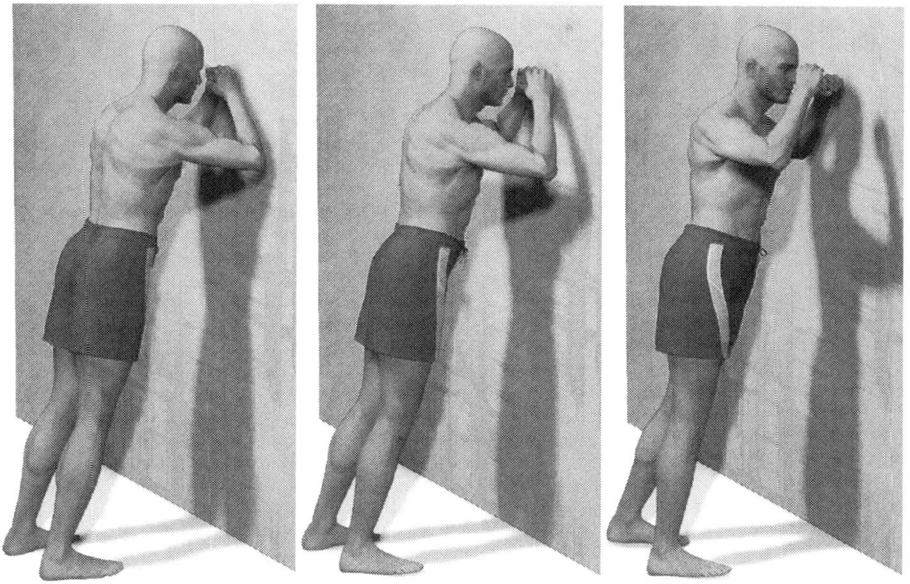

Drehen Sie sich über die Zehenballen. Schultern und Becken müssen genau übereinander bleiben. Weder Schultern noch Becken führen die Bewegung an. Es soll keine Verdrehung, Beugung oder Streckung des Oberkörpers oder der Taille geben. Auch der Kopf muss zusammen mit dem Rücken und Becken gedreht werden. Abweichungen müssen durch die Anspannung der Taillenmuskulatur verhindert werden.

Machen Sie fließende, langsame, und kontrollierte Bewegungen. Kein ruckartiges Abstoßen. Je langsamer Sie die Bewegung machen, desto mehr werden sie spüren können, und desto genauer werden Sie die Übung durchführen können. Eine gewissenhafte Ausführung ist besser als oftmalige, gedankenlose Wiederholungen.

Side Bridge - Stufe 1 - Variante 2

Diese Variante ist gut für Patienten mit Schulter- oder Ellbogenschmerzen geeignet. Oder für Leute, deren Muskulatur noch zu schwach ist, um sich korrekt auf die Schulter stützen zu können, und den Oberkörper gerade zu halten.

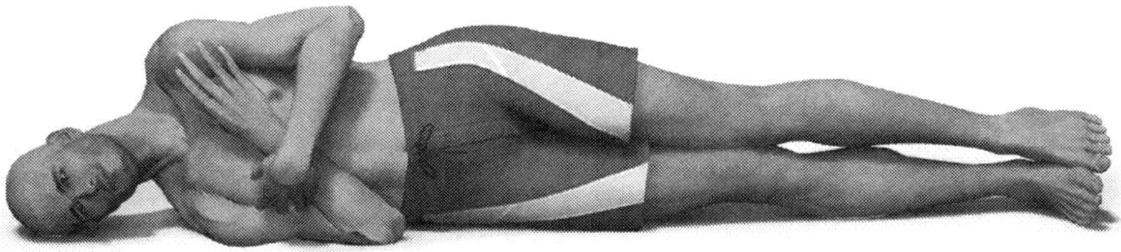

Ausgangsposition: Seitenlage, mit den Beinen ausgestreckt. Dabei genau mittig liegen; also weder Richtung Bauch noch Richtung Rücken gerollt. Man soll auch nicht verdreht liegen. Auch darf es keine Beugung oder Streckung der Beine oder des Rumpfes geben. Die obenliegende Hüfte ist genau oberhalb der untenliegenden zu halten. Die obenliegende Schulter ist genau überhalb der untenliegenden.

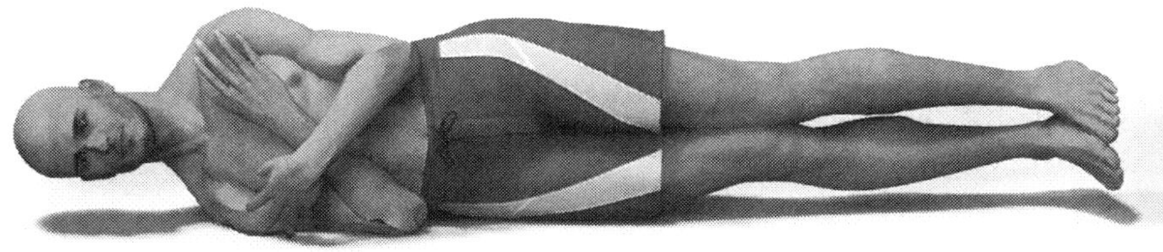

Bewegungsanweisung: Die ausgestreckten Beine ein paar Zentimeter anheben, bis man ganz gestreckt liegt. So, als ob man stehen würde. Dabei auch den Kopf vom Boden heben und den Oberkörper gerade halten. Das Anheben soll keinesfalls übertrieben werden. Das heißt, man soll sich nicht verbiegen, sondern sich gerade halten. Wenn das zu schwer oder schmerzhaft ist, hebt man zuerst nur den Kopf, und/oder das obenliegende Bein. Das trainiert man so lange, bis man Kopf und Beine zusammen anheben kann.

Side Bridge - Stufe 1 - Variante 3

Falls die Variante 2 (in Seitenlage mit gestreckten Beinen) schon zu leicht, aber die eigentliche Stufe 1 noch zu schwer ist, gibt es als Zwischenstufe noch diese Variante mit angewinkelten Oberschenkeln.

Hierbei ist wiederum die Lendenwirbelsäule in einer neutralen Haltung zu halten, also weder zu beugen, noch zu strecken, und auch nicht zu verdrehen. Achten Sie darauf, den Kopf in Verlängerung der Wirbelsäule zu halten – und nicht den Nacken seitlich zu beugen.

Die Augen auf den Horizont auszurichten ist ein automatischer Reflex, eigentlich ein gesundes Zeichen, aber sollte bei dieser Übung während der 7-8 Sekunden Anspannung vermieden werden.

Durchführung: Halten Sie diese Position für die Dauer der Anspannung.

Side Bridge - Stufe 2

Ausgangsposition ist in Seitenlage, genauso wie in Stufe 1 beschreiben. Auch hier auf den unteren Ellenbogen gestützt. Nur sind jetzt beide Beine ausgestreckt, und der obenliegenden Fuß vor dem untenliegenden Fuß platziert (wie wenn man einen Schritt machen würde). Die Schulter ist fest zum Brustkorb hinuntergezogen. Hier ist es ebenfalls wichtig, dass die Schulter nicht eingesackt nahe am Ohr ist, sondern nach unten gedrückt und fixiert gehalten wird.

Bewegungsanweisung: diese Position über 7-8 Sekunden lang halten, ohne von der Ausgangsposition abzuweichen. Während den Pausen den Oberkörper nicht durchhängen lassen, sondern wie in Stufe 1 - Variante 3 gerade halten.

Häufige Fehler sind eine eingesackte Schulterhaltung, ein verdrehter, gebeugter, gebogener oder gestreckter Oberkörper. Oder die Kopfhaltung fälschlicherweise nicht in Linie mit dem Oberkörper, sondern seitliche geneigt (mit beiden Augen auf den Horizont gerichtet). Falsch ist es auch, sich beim Hochkommen in die Position durchhängen zu lassen. Es ist stets auf eine stabile, gerade („neutrale") Lendenwirbelsäulenhaltung zu achten.

Side Bridge - Stufe 2 - Variante mit Bewegung

Durch die Bewegung werden die vorderen und hinteren Anteile der seitlichen Bauchmuskulatur angesprochen. Ausgangsposition ist wie in Side Bridge Stufe 2.

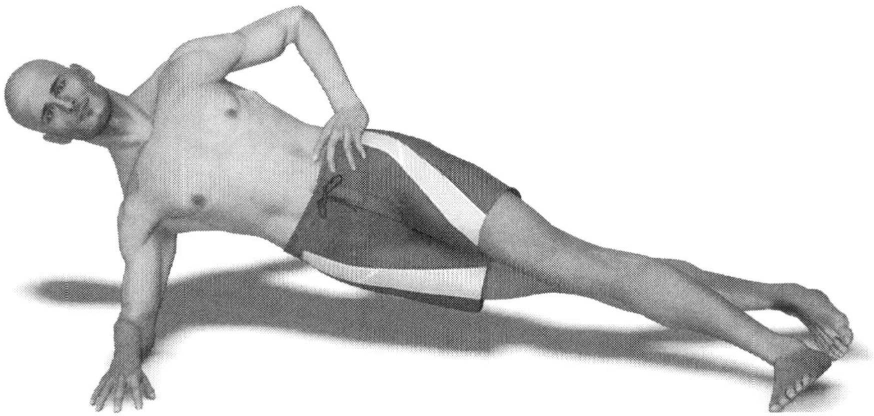

Bewegungsanweisung: Weil der obere Fuß vor dem unteren Fuß platziert ist, kann nun der gesamte Oberkörper ein wenig nach vorne und ein wenig nach hinten gerollt werden, was folglich den Einsatz der vorderen und hinteren Anteile der seitlichen Bauchmuskulatur benötigt.

Side Bridge - Stufe 3

Dies ist eine Steigerung der Bewegungsvariante von Stufe 2. Statt nur ein bisschen vorwärts und rückwärts zu rollen, kommt man von Seitenlage in Liegestützposition auf den Ellbogen, und dann wieder zurück in Seitenlage.

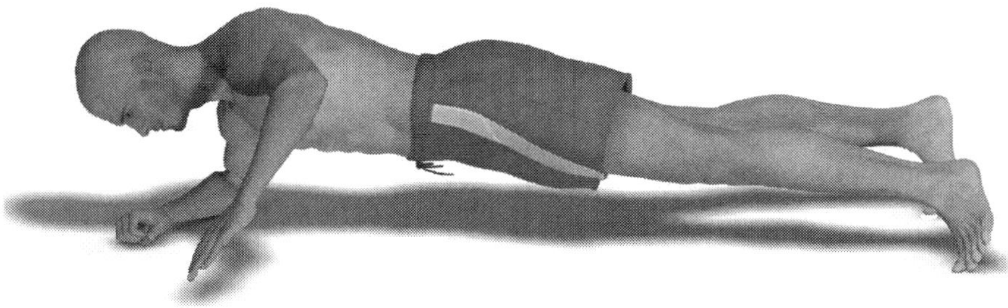

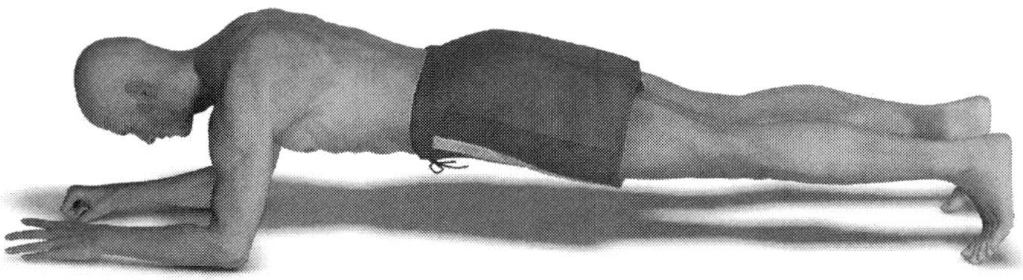

Bewegungsanweisung: Ausgehend von der seitlichen Position wird unbedingt auf eine ausreichend Spannung bzw. Festigkeit im Rumpf geachtet. Dann drehen Sie sich bauchseitig in Liegestützposition - auf die Ellbogen aufgestützt.

Danach wieder zurück auf die seitliche Position drehen (gestützt auf nur einen Ellbogen, wie vorher). Dabei ist unbedingt darauf zu achten, dass Becken und Brustkorb starr miteinander geführt, und nicht gegeneinander verdreht werden.

Häufiger Fehler bei Side-Bridge

Besonders bei Übereifer oder Müdigkeit passiert es leicht, dass das Becken zuerst gedreht wird, und dann erst der Oberkörper. Dies ist eine Verdrehung und darf nicht passieren. Oft passiert auch eine Streckung oder Beugung, ohne dass es bemerkt wird. Zur Kontrolle hilft ein Übungspartner oder ein Spiegel.

Die Fehler passieren nicht nur bei den schwierigen Stufen 2+3, sondern vor allem auch bei der leichteren Variante in Seitenlage, oder sogar bei der Variante stehend gegen die Wand. Bei allen Schwierigkeitsgraden ist auf eine exakte Durchführung zu achten.

Dies ist anfangs mit besonderer Aufmerksamkeit und Disziplin verbunden, es lohnt sich aber für den Übungserfolg, diese Hinweise gewissenhaft zu beachten.

Bird Dog aka „Superman“

Hier werden hauptsächlich die zahlreichen Rückenstrecker (Musculus erector spinae) trainiert - auch wenn dabei natürlich die vorderen, geraden Bauchmuskeln ebenfalls aktiv sind.

Auch hier ist es für den Übungserfolg wichtig die korrekte Ausgangsposition einzunehmen und bei der Durchführung gut aufzupassen.

Bird Dog - Stufe 1

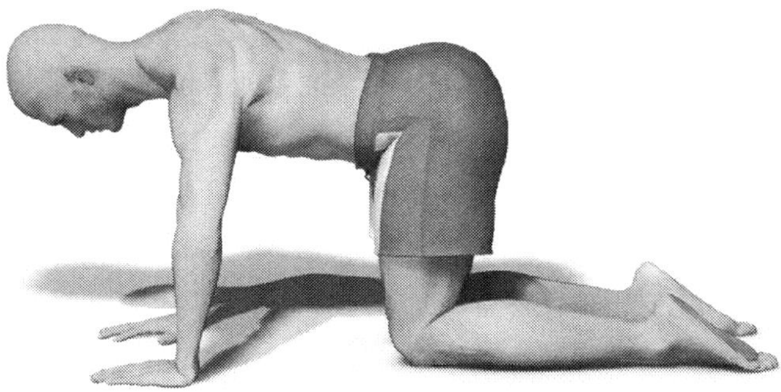

Ausgangsposition: Auf Händen und Knien. Die Hände schulterbreit (nicht zu weit außen, nicht zu weit innen, auch nicht kopf- oder kniewärts). Die Knie hüftbreit platzieren. Beugen und Strecken Sie Ihren Rücken ein paar Mal, bis Sie die neutrale Mittelstellung gefunden haben. Der untere Rücken, also alles zwischen Becken und Brustkorb, sollte weder gebeugt noch gestreckt sein. D. h. es darf weder ein „Hohlkreuz“ noch ein „Katzenbuckel“ gemacht werden. Ein Spiegel kann dabei helfen, die neutrale Mitte zu finden.

Falls die Handgelenke dabei schmerzen, kann man auch eine Faust machen. Generell ist eine Faust eher zu empfehlen, weil dies schonender für die Handgelenke ist. Legen Sie ein dünnes Kissen oder eine Decke unter die Hände, um diese zu schonen. Probieren Sie in Ruhe aus, welche Position Ihrer Hände am angenehmsten ist. Richten Sie Ihre Hände so aus, dass die Finger nicht ganz parallel sind, sondern eher zueinander zeigen, d. h. die Fingerspitzen sind dann etwas zueinander gedreht; die Ellbogen nicht ganz durchgestreckt, sondern ein kleines bisschen gebeugt. Fast so wie bei einer Bulldogge.

Alternativ könnten Sie sich auch auf ihre Ellbogen, anstatt auf ihre Hände stützen. Wichtig ist vor allem aber die neutrale Haltung der Taille, und die starre Verbindung zwischen Becken und Brustkorb – denn dort sind die Muskeln, die trainiert werden sollen.

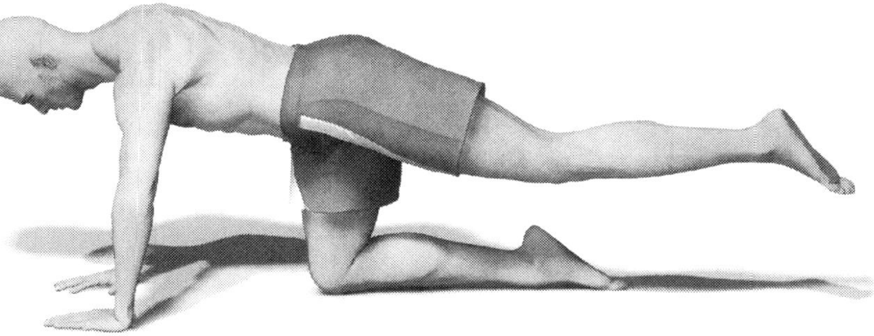

Übungsanweisung: die Muskeln rund um die Taille anspannen und während der Übung angespannt halten. D. h. den Oberkörper nicht seitlich beugen, strecken, oder beugen. Dann ein Bein oder alternativ einen Arm vom Boden heben. Ihr Bein (bzw. ihren Arm) nicht höher als horizontal anheben. Lassen Sie Ihren Kopf weder hängen, noch heben Sie ihn übermäßig an – das Gesicht sollte in Verlängerung der Wirbelsäule parallel zum Boden gehalten werden.

Heben Sie ihr Bein (bzw. ihren Arm) ruhig und langsam. Sie können sogar die ganzen 7-8 Sekunden dafür verwenden, das Bein langsam auszustrecken und wieder langsam abzusetzen. Hauptaugenmerk sollte nicht das gestreckte Bein sein, sondern die stabile Taille und deren Haltung. Vermeiden Sie auf jeden Fall ein Hohlkreuz zu machen.

Bird Dog - Stufe 1 - Leichtere Variante

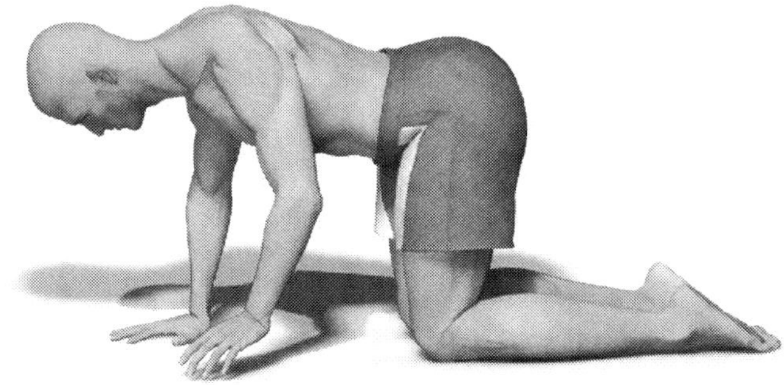

Diese Variante ist für Patienten mit starken Rückenschmerzen oder sehr schwacher Muskulatur geeignet.

Bewegungsanweisung: Wählen Sie eine Hand, oder ein Knie, und heben sie diese(s) vom Boden. 1-2 Zentimeter sind genug. Strecken Sie dabei ihren Arm bzw. ihr Bein nicht aus. Vergrößern Sie lediglich den Abstand zum Boden um ein kleines Stückchen. So, als ob Sie jemandem die Möglichkeit einräumen würden, um ein Blatt Papier unterhalb Ihres Knies (bzw. Ihrer Hand) herauszuziehen.

Achten sie darauf, nicht mit der Hüfte auszuweichen, sich nicht zu beugen, seitbeugen, oder zu verdrehen. Halten sie Ihre Taille während der Belastung fest und stabil. Wie vorhin schon erwähnt, kann man auch eine Faust machen, oder sich auf Hanteln oder Ellenbogen stützen, um die Handgelenke zu schonen.

Konzentrieren Sie sich ganz darauf, dass Sie ihren Oberkörper nicht verdrehen bzw. Ihr Gewicht nicht verlagern. Es darf zu keiner Verschiebung, Verdrehung, Beugung oder Streckung im Rumpf kommt. Ein Hohlkreuz wäre ganz falsch. Ziel der Übung ist es, den Rumpf bzw. die Taille – auch unter Belastung – stabil halten zu können.

Bird Dog - Stufe 2

Ausgangsposition: Wie in Stufe 1, auf Händen und Knien, mit den Händen direkt unter den Schultern und den Knien direkt unter den Hüften.

Übungsanweisung: ein Bein und den diagonal gegenüberliegenden Arm vom Boden heben und ausstrecken. Dabei Arm und Bein nicht höher als horizontal ausstrecken. Für den Übungserfolg ist es sehr wichtig, dass der Taillenbereich mittels Anspannen der gesamten Rumpfmuskulatur stabil gehalten wird. Es darf kein Hohlkreuz gemacht werden.

Bird Dog - Stufe 3

Ausgangsposition und Übungsanweisung wie in Stufe 2, nur dass zusätzlich der ausgestreckte Arm und das ausgestreckte Bein angespannt werden. Es ist auch hier auf eine freie Atmung zu achten.

Eine weitere Steigerung: beim Zurückkommen auf beide Hände und Knie keine Pause machen, stattdessen auf die andere Diagonale (die andere Hand und das andere Knie) wechseln. Dann wieder in die Ausgangsposition hoch kommen, Arm und Bein in der Luft ausstrecken und anspannen.

Häufige Fehler beim Bird-Dog

Es kann leicht passieren, dass man beim Bein anheben auch das Becken mitdreht, d. h. eine Pobacke höher hebt als die andere, und somit das Becken im Verhältnis zum Brustkorb verdreht. Das ist aber falsch. Für den Übungserfolg ist es sehr wichtig, dass der Rumpf stabil gehalten, und nicht verdreht wird.

Diese Verdrehung kann auch passieren, wenn man nur eine Hand vom Boden hebt bzw. den Arm ausstreckt. Der Oberkörper soll stabil bleiben, und nicht der Schultergürtel im Verhältnis zum Becken verdreht werden.

Seitbeugen ist ebenfalls falsch. Bei diesen Übungen soll die Stabilität der Taillenmuskulatur gestärkt werden, und nicht die Beweglichkeit des Brustkorbs erhöht oder die Gewichtsverlagerung geübt werden.

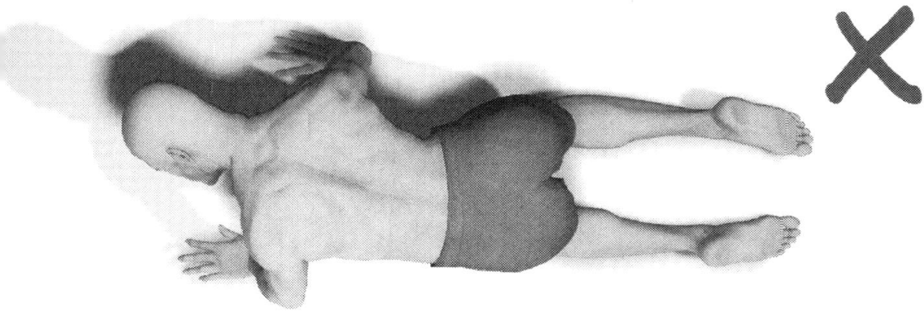

Es ist ebenfalls ein Fehler den Rücken zu beugen oder zu strecken. Speziell bei den ersten Versuchen, wenn das Bein so weit angehoben wird, dass es ganz ausgestreckt ist, machen viele Anfänger ein Hohlkreuz. Dies ist falsch und verhindert den Übungserfolg. Heben Sie das Bein anfangs ganz ganz langsam an. Stück für Stück. Und achten Sie peinlich genau darauf nicht ins Hohlkreuz zu gehen.

Auch sollte man den Kopf nicht hängen lassen.

Anhang

Auf meiner Website finden Sie das Trainingsprogramm als Gratis-Audio zum Mitmachen. Und zwar als einfache Variante mit Gong alle 8 Sekunden, aber auch mit kompletter Ansage und mit verschiedenen Musikstücken. Weiters finden Sie Information über mich, meine Kurse und etliche Feldenkrais-Lektionen gratis.

www.feldenkraiswerkstatt.at

Auf der Homepage von Prof. Dr. Stuart McGill an der Waterloo Universität, Kanada, aber auch auf youtube und mit google finden Sie mehr Informationen über die Wissenschaft dieser Übungen, und zwar von einer Vielzahl von Wissenschaftlern, Therapeuten, Sportlehrern und Sportbegeisterten. Falls sie die englische Sprache gut beherrschen, sind dies gute Ausgangspunkt um Originalartikel und Studien von McGill zu lesen, sich Interviews anzuhören, und eigene Recherchen einzuleiten.

Ein Wort vom Autor

Ich freue mich sehr, und sage „Vielen Dank", dass Sie dieses Büchlein gekauft haben. Nun möchte ich Ihnen noch viel Freude beim Training wünschen - und den vielen Aktivitäten, die Ihnen dadurch leichter fallen werden. Falls Sie Fragen oder Anregungen zum Training haben, schreiben Sie mir doch bitte mittels des Kontaktformulars auf meiner Homepage.

Mit herzlichen Grüßen, Alfons Grabher

Beispiel für tägliches Trainingsprogramm

	Übung		Dauer	Pause	*	Zeit
1	Curl-Up Band	rechts Bein lang	8 s	8 s	5	1 m 20 s
2	Curl-Up	linkes Bein lang	8 s	8 s	5	1 m 20 s
3	Side-Bridge	rechte Seite	8 s	8 s	5	1 m 20 s
4	Side-Bridge	linke Seite	8 s	8 s	5	1 m 20 s
5	Bird-Dog	linker Arm, rechtes Bein	8 s	8 s	5	1 m 20 s
6	Bird-Dog	rechter Arm, linkes Bein	8 s	-	5	1 m 12 s
7	Pause					1 m
8	Curl-Up	rechts Bein lang	8 s	8 s	4	1 m 4 s
9	Curl-Up	linkes Bein lang	8 s	8 s	4	1 m 4 s
10	Side-Bridge	rechte Seite	8 s	8 s	4	1 m 4 s
11	Side-Bridge	linke Seite	8 s	8 s	4	1 m 4 s
12	Bird-Dog	2* linker Arm, 2* rechtes Bein	8 s	8 s	4	1 m 4 s
13	Bird-Dog	2* rechter Arm, 2* linkes Bein	8 s	-	4	56 s
14	Pause					1 m
15	Curl-Up	rechts Bein lang	8 s	8 s	3	48 s
16	Curl-Up	linkes Bein lang	8 s	8 s	3	48 s
17	Side-Bridge	rechte Seite	8 s	8 s	3	48 s
18	Side-Bridge	linke Seite	8 s	8 s	3	48 s
19	Bird-Dog	1* linker Arm, 1* rechtes Bein, 1* Arm+Bein	8 s	8 s	3	48 s
20	Bird-Dog	1* rechter Arm, 1* linkes Bein, 1* Arm+Bein	8 s	-	3	40 s
						Gesamtzeit 20 m 48 s

Erläuterung zum Trainingsprogramm

Die Wirkung der Übungen ergibt sich aus den vielen Wiederholungen. Anstatt die Muskulatur zu erschöpfen und einen Muskelkater zu produzieren, wird im aeroben Bereich trainiert. Und somit die Ausdauerleistung der Muskulatur erhöht. Denn diese muss Ihnen den ganzen Tag zur Verfügung stehen.

Ich empfehle, mit dem Audioprogramm zu trainieren, welches Sie gratis auf meiner Homepage finden (Online und auch als Download).

Für die Übungsreihenfolge fängt man mit Curl-Ups an, geht dann zu Side-Bridges über, und schließt mit Bird-Dogs ab. Das macht man in drei Runden. In der ersten Runde macht man von jeder Übung auf jeder Seite fünf Wiederholungen, in der zweiten Runde auf jeder Seite vier Wiederholungen, in der dritten Runde auf jeder Seite nur mehr drei Wiederholungen.

Jede Position wird acht Sekunden lang gehalten, gefolgt von acht Sekunden Pause. Zwischen den drei Runden macht man eine Minute Pause in Rückenlage. Dadurch dauert das tägliche Trainingsprogramm gut 20 Minuten.

Falls Ihnen das lange Halten der Positionen zu langweilig wird (zum Beispiel beim Curl-Up), können sie stattdessen auch viele, schnelle Wiederholungen während der jeweiligen 8 Sekunden probieren – und so die Fähigkeit sehr schnell zu entspannen, und auch sehr schnell wieder anzuspannen trainieren. McGill fand durch Messungen heraus, dass Profisportler ihre Muskulatur bis zu 5 Mal schneller entspannen können als Hobbysportler. Achten Sie allerdings immer auf eine saubere Ausführung der Übungen.

20098944R00026

Printed in Poland
by Amazon Fulfillment
Poland Sp. z o.o., Wrocław